Karl

Vom Sterben und dem, was dann kommt

Eine Kurzgeschichte

von

Martin Heyden

Druck, Bindung und Vertrieb über
BoD
Taschenbuch

1.Auflage: 10. April 2018
Irene Heyden Verlag
P.O. Box 11 30
GE-52477 Alsdorf

Kurzgeschichten, entnommen aus:

„Der Tod des Karl"
(*Realitäten*, Martin Heyden und Biggi Weber, 2015)

„Karl"
(*Ewiges Leben? … und andere gelegentlich gestellte Fragen*, Martin Heyden, 2018)

ISBN: 978-3-981859294
Lektorat: Eva Fritsch

Umschlaggestaltung: Martin Heyden
Bild: Aiwasowski
Buchdesign: Martin Heyden

ALLES IST GUT

UND

ES WAR NIE ANDERS GEWESEN

Jenseitige Welten

„Wir sind alle berufen Engel Gottes zu werden, aber keiner zwingt uns."

Emanuel Swedenborg

Die Kurzgeschichten „Der Tod des Karl" und „Karl" sind Auszüge aus dem Buch *Realitäten* sowie dem zuletzt veröffentlichtem Buch von mir *Ewiges Leben? ... und andere gelegentlich gestellte Fragen.*

Sie beschreiben in lebhafter und bildlicher Form den Vorgang des Sterbens aus spiritueller Sicht, vor allem aber zeigen sie auf, was dann kommt und wie es weitergeht.

Denn das Leben endet nie, es verändert sich nur.

Im Gegensatz zu realen Erfahrungsberichten (wie im Buch *Jenseitige Welten – Berührungspunkte* – 2017), erlauben es diese Erzählungen mir, zusammenfassend und mit einem logischen Faden versehen, Ihnen das zu beschreiben, was da kommt - eine Quintessenz all der Erfahrungsberichte, die mir im Lauf der Jahre zugetragen wurden oder die ich gefunden und gelesen habe.

Diese Geschichten sind also keine reinen Phantasieprodukte, sondern reflektieren meine gewonnenen Erkenntnisse. Natürlich geht es hier auch um meine Überzeugungen. Frei nach Carl Gustav Jung glaube ich nicht mehr, ich weiß.

Verstehen Sie die Geschichte und die Erkenntnisse des Karl als ein Angebot, um mehr Wissen zu erlangen, aber auch als eine Aufmunterung, selbst nach Erkenntnissen und Einsichten, unser spirituelles Wesen betreffend, zu suchen.

Denn darum geht es im Leben.

Erfahrungen zu sammeln und das versteckte Wesen in uns wiederzuentdecken, das wir wahrhaftig sind und das wir alle in uns entwickeln – bewusst oder unbewusst.

Denn wahrhaftig: Keiner zwingt uns in eine bestimmte Richtung.

Wenn Sie sich öffnen und suchen, werden Sie genau das finden, was sich auch mir offenbart hat. Das ist so, da wir alle eins sind und tief in uns eine Wahrheit verankert haben, die unsere unauslöschliche Anbindung an den Ursprung darstellt und uns alle sicher zurückführen wird. Eines Tages.

Einige brauchen dafür eben nur ein wenig länger als andere, aber das ist in Ordnung. Es ist nicht der aktuelle Status, der uns ausmacht, sondern es ist die Richtung, in die wir gehen.

*

Wenn Sie mehr über sich, die Welten, die da kommen, und über deren Funktionsmechanismen erfahren möchten, dann versuchen Sie es doch einmal mit meinen bisherigen Veröffentlichungen:

1. Die Entdeckung der jenseitigen Welten

2. Realitäten - die Fortsetzung

3. Jenseitige Welten – Berührungspunkte

4. Ewiges Leben? … und andere gelegentlich gestellte Fragen

Egal, ob Sie trauern, suchen oder einfach nur Angst vor dem Tod haben, diese Bücher können Ihnen helfen. Sie zeigen Ihnen auf, dass ein Leben nach dem Tod nicht nur eine vage Hoffnung ist, sondern erwartet werden kann.

Diese finden Sie mit den jeweiligen Beschreibungen auch noch einmal am Ende dieses kleinen Büchleins - und nun viel Freude beim Lesen der Erfahrungen des Karl.

ERSTER TEIL

Der Tod des Karl

Aus

Realitäten

(Martin Heyden und Biggi Weber, 2015)

Karl ging es nicht gut. Er war müde, sehr müde. In den letzten Monaten war er zunehmend schwächer geworden, gestern haben sie ihn dann schließlich ins Krankenhaus gebracht.

Warum eigentlich? Er würde sterben, das war ihm mit jeder Faser seines Körpers klar. Gerne wäre er zu Hause gestorben, aber dieser Ort war genauso gut wie jeder andere. Alle Kinder und Enkelkinder waren schon da gewesen und einige sind es immer noch. Keinen einzigen Moment haben sie ihn aus den Augen gelassen und auch Elfriede, seine Frau, war rund um die Uhr bei ihm gewesen und hatte seine Hand gehalten.

Er hatte ihnen gesagt, dass alles in Ordnung sei und dennoch waren sie geblieben.

Seltsam, wie sehr hatte er sich doch insgeheim vor diesem einen Moment gefürchtet, nun war er da. Nach 82 Jahren würde Karl seinen letzten Gang antreten.

Die Angst war weg. All diese unterschwelligen Ängste, völlig umsonst und ‚für die Katz'.

Seine Augen wurden zunehmend schwerer, er wollte schlafen.

‚Paul?' Paul war sein Bruder, der bereits vor 6 Jahren gestorben war. Ein Herzinfarkt. Kurz, schmerzlos und überraschend, nicht nur für ihn selbst.

‚Paul, bist du das?'

‚Ja, Karl, ich bin es wieder. Alles ist gut. Du kannst jetzt loslassen.' Karl stand neben seinem Bett und lächelte. Er hatte Paul in den letzten Stunden schon einige Male gesehen und sich mit ihm unterhalten, sehr zur Verwunderung seiner Lieben.

„Er halluziniert", haben sie gesagt.

So ein Unsinn.

Die Verwandten sowie auch Elfriede hatte Karl hinausgeschickt. „Lasst mich bitte für einen Moment alleine. Geht einen Kaffee trinken. Mit mir ist alles in Ordnung“, hatte er ihnen zugeflüstert. Das war natürlich gelogen, aber das musste er tun, damit er loslassen konnte und das tat er nun, loslassen.

Er schloss seine Augen und doch wurde es nicht dunkel. Komisch.

Plötzlich schwebte er (oder stand er?) neben seinem Krankenbett. Das Zimmer wirkte jetzt leicht verzerrt, ganz so, als würde man den Raum durch eine Optik betrachten, die alles verzerrt. Er drehte sich noch einmal um und sah ‚sich' und seinen Körper, den er all die Jahre für so wichtig gehalten hat. Jetzt war er nutzlos und ohne Bedeutung.

‚Ich ‚bin' ja noch. Natürlich! Wieso konnte ich das vergessen?'

‚Komm Karl, wir gehen', sagte Paul. Sagte er? Nein, er hatte gar nicht seinen Mund bewegt. Er hatte *gedacht.* Erstaunlich.

Karl fühlte sich gut, befreit. So musste sich ein Schmetterling fühlen, der dabei ist, seinen Kokon zu verlassen, die Müdigkeit war wie weggeflogen. Das war schön.

Zeit seines Lebens waren da diese Griesel in seinem Blickfeld gewesen, die er ständig sehen konnte. Sie waren zahlreich und wahllos irgendwo im Raum gewesen und auch nachts präsent. Jetzt drehten sie sich, immer schneller werdend, aber geordnet, entgegen dem Uhrzeigersinn und bildeten einen Tunnel in der Mitte. Je näher die Griesel am ‚Loch' in der Mitte waren, desto dichter wurden sie. Es war fast so, als würden sie einen Tunnel, einen Gang bilden. Dieser war klar zu erkennen und der Raum, in dem die Griesel nun rasten, verzerrte sich zunehmend.

Dann war da dieses helle Licht und sie gingen hinein.

Plötzlich war dort ein völlig anderer Ort, ein wunderschöner Garten und im Hintergrund konnte man die Erde sehen, ganz so, als ständen sie auf einem riesigen Berg, der tausend Kilometer hoch aus der Atmosphäre hinaus ragte und diesem Garten als Untergrund diente.

‚Willkommen zu Hause, Karl.'

‚Zuhause?'

‚Naja, noch nicht ganz. Aber sorge dich nicht, du wirst Dich erinnern.'

Es war warm und hell und die ‚Sonne' war allgegenwärtig. Alles war grün und farbig und so einladend. Inmitten all dieser Pracht stand da ein freistehendes Haus und davor saß ein kleiner brauner Hund. ‚Wilbert?'

Wilbert war sein geliebter Hund, der vor über 30 Jahren bei einem Verkehrsunfall ums Leben gekommen war. Karl hatte ihn so sehr geliebt und da war er. Wilbert wedelte mit seinem Schwanz und sprang nun freudig kläffend auf sein Herrchen los. Welche Freude!

‚Karl, das ist dein Haus, in dem du dich erst einmal vom Trauma deines Todes erholen kannst'. Paul lächelte.

‚Schau dich um. Ich lasse euch jetzt alleine. Weitere Besucher haben sich angekündigt und werden in Kürze bei dir eintreffen. Aber alles zu seiner Zeit - wie wir auf der Erde immer gesagt haben.'

‚Paul, mir geht es prächtig. Ich fühle mich wie neugeboren! Wo sind wir hier?'

‚Wir nennen es die Ankunftsebene. Eine Art Zwischenstation, bevor es weiter geht zu dem Ort, der dein wahres Zuhause ist.'

Paul umarmte seinen Bruder: ‚Es ist so schön, dass du jetzt wieder Zuhause bist! Ich durfte der erste sein. Bis später', und verschwand mit einem Lächeln in einer Wolke aus Licht.

‚Ja, (…) meine Freunde, ich glaube ich erinnere mich, langsam…).‘

*

Paul war nun schon bereits eine Weile weg. Karl fühlte sich gut und untersuchte seine Umgebung. Alles wirkte hier so überaus real, realer, als er es auf der Erde empfunden hatte. Das Licht hier war allgegenwärtig und so etwas wie eine Nacht schien es nicht zu geben. Da war aber so etwas wie ein Wechsel in der Stimmungslage. Es war mehr zu erahnen, als direkt zu erfühlen. Gerade so wahrzunehmen, dass man den Unterschied erkennen konnte. Mal ging es einem fast schon euphorisch gut und dann nahm dieses Gefühl etwas ab, und dann kam es wieder, einem Intervall gleich. Eine Art Rhythmus, wie der 24-Stunden-Rhythmus auf der Erde, nur ohne Dunkelheit.

Es war paradiesisch schön hier und er wusste intuitiv, dass diese Ebene der Erde und der dortigen Existenz sehr nah war. Alles folgte hier einer bestimmten Richtung, wie auf der Erde auch, ohne aber so etwas wie Zeit zu haben.

Je länger er sich dort aufhielt, desto mehr Wissen wurde ihm zuteil. Es war einfach da. Er wusste zum Beispiel, dass, würde er in eine bestimmte Richtung gehen, er von dort die gesamte Erdgeschichte würde sehen können. Naja, gehen war nicht ganz richtig ausgedrückt, eher ‚denken‘. Er ging nicht in eine Richtung, er dachte sich dorthin. Auch wieder so eine Sache ‚Wie konnte ich das alles hier vergessen?‘

*

Er war in der Nähe seines Hauses (‚Warum ist es mein Haus?‘) mit Wilbert unterwegs, dem wohl glücklichsten Hund im Himmel (Himmel?). Zumindest gab er sich so.

Alles war hier so intensiv und alles war irgendwie farbiger, besser, schöner, geruchsintensiver als auf der Erde und ihm wurde klar, dass alles auf der Erde nur eine Entsprechung, eine eher schlechte Kopie dessen war, was es hier gab, was hier der Normalzustand war.

So muss es auf der Erde sein, wenn jemand sich nach einer vorübergehenden Amnesie wieder beginnt zu erinnern. Nach und nach kommt alles zurück.

Und so empfand er es, mit einer sehr angenehmen ‚Geschwindigkeit', gerade so, wie er es verarbeiten konnte.

Er war schon oftmals auf der Erde gewesen, aber noch versagte die Erinnerung und, ja, es war sein Haus. Er hatte es selbst nach einer Inkarnation als deutscher Adeliger im 18. Jahrhundert erschaffen. Er hatte es so eingerichtet, dass aus jeder seiner Inkarnationen Erinnerungen, aber auch kleine Veränderungen in und an seinem ‚Haus' zu finden waren.

Es war zwar nicht sein Hauptwohnsitz, aber ein Refugium, das er selbst geschaffen hatte, um einen Ort zu haben, an dem er sich nach einer Inkarnation erholen und erinnern konnte.

Ja, genauso war es.

Erstaunlich!

Seine ‚Stadt' war in einer der höheren Ebenen, dort war auch sein Zuhause mit seinen vielen Freunden. Dort war auch ‚seine' Gemeinschaft. All die Seelen dort waren so wie er.

Der Name des Gutsherrn aber wollte ihm nicht einfallen - noch nicht. Auch sein ‚richtiger' Name fehlte ihm noch. Karl war es nicht. Dies war nur der Name seiner letzten Inkarnation.

Er (Sie) aber war so viele Inkarnationen gewesen und alles was er empfand, sein Charakter, seine Überzeugungen und seine Neigungen waren das Resultat aller seiner Inkarnationen.

Ja, das ergab Sinn. Schon als kleines Kind war Karl von dem Gedanken beseelt gewesen, zu helfen, für andere ‚da' zu sein. Er wusste, intuitiv, dass nur ein Leben im Dienst für einen anderen Menschen ein gutes Leben ist. Egoismus und Arroganz waren ihm immer zuwider gewesen, den Altruismus aber, den hatte er bewundert.

Jetzt wusste Karl auch warum.

*

‚**A**lles ist gut so, wie es ist, und wird sich so fügen, wie es sein soll', dachte er.

‚Komm Wilbert! Wir wollen ins Haus gehen und herausfinden, wer wir alles sind.'

ZWEITER TEIL

Karl

Aus:

Ewiges Leben? … und andere gelegentlich gestellte Fragen

(Martin Heyden, 2018)

Meine Güte, wie wichtig er das vergangene Leben doch genommen hatte. Jetzt verblasst diese Wichtigkeit zunehmend. Karl lebte bereits viele Leben, tausende.

Und doch hat er keinen einzigen derer vergessen, mit denen er durch ein jeweiliges Leben gegangen ist. Da war Sarah, seine geliebte Frau im alten Ägypten zur Zeit der Pharaonen. Er war damals Sklave gewesen und kam dort zum ersten Mal in Kontakt mit der Lehre von dem einen Gott. Mose, der Anführer des Volkes, dem er sich anschloss, führte sie damals aus der Knechtschaft. Er selbst erlebte die Freiheit nicht mehr. Er starb während der Unruhen, die mit dem Auszug einhergingen.

Oder Amin, ‚sein Mann' - es war eine Inkarnation, die er als Frau erlebte. Sie vertauschten damals die Rollen und Sarah trat als Mann erneut ins Leben ein und er eben als seine Frau.

Seitdem wusste er, dass es entweder eher weiblich oder eher männlich ausgerichtete Seelen gibt, die sich oft finden, zusammentun und sich ergänzen. Meistens bleiben sie ihrer Ausrichtung treu und inkarnieren entweder immer als Mann oder eben als Frau. Das muss aber nicht so sein und somit ist dieses Phänomen, neben dem Rollentausch, auch bei gleichgeschlechtlichen Paaren zu beobachten. Diese Seelen ergänzen sich völlig unabhängig davon, in ‚was' sie gerade inkarniert sind. Karl war zeitlebens immer sehr tolerant und verständnisvoll, was die Sexualität betraf, und jetzt wusste er auch wieder warum.

Auf höheren Ebenen - nicht seiner - passiert es durchaus häufig, dass Paare verschmelzen. Wie die rechte und die linke Hemisphäre eines Gehirns werden Sie dort zu einem sich selbst ergänzenden Wesen.

*

Im Dreißigjährigen Krieg kämpfte er auf Seiten der kaiserlichen Armee und fiel 1638 in der Schlacht um die Rheinfestung Breisach. Er war Hauptmann und befehligte damals eine Kompanie von annähernd hundert Mann. Zehn Jahre kämpfte er damals bereits als Söldner und diente sich vom Gefreiten hoch bis zum Kompanieführer. Auch diese Erfahrung war wichtig gewesen – seitdem wusste er um die destruktiven Auswüchse des Krieges, der Verrohung und um die Gefahren, die dadurch für eine unbedarfte Seele entstehen können. Das Töten kann zu einem Rausch werden.

Diese Leben waren nur einige wichtige Meilensteine seiner unzähligen, bereits gemachten Erfahrungen. Viele waren ganz gewöhnlich und einfach, ein jedes Leben aber hat ihn bereichert und komplementiert. In einem, so erinnert sich Karl, starb er bereits im Mutterleib, in einem anderen nur wenige Tage nach der Geburt – seine Mutter litt damals sehr unter dem Verlust. Beide Seelen sind heute reife und gewachsene Teile seines Selbst und leben in seiner Gemeinschaft. Sie kannten die Himmel, wurden sie dort doch von höheren Wesen aufgenommen und zur Reife gebracht. Mit ihrer Mündigkeit wurden Sie in ihre, in Karls, Gemeinschaft überführt – auf eigenen Wunsch. Seitdem haben sie in der mittleren Ebene eine Vorstellung und eine Anbindung zu einer Gemeinschaft der Himmel. Sie alle entwickelten sich in diese Richtung. Die Geschichten und Erfahrungen, die beide über Jesus zu berichten hatten, berühren ihn jedes Mal aufs Neue.

Die Erinnerungen kamen alle wieder, nach und nach. Ach, wie spannend ist es doch zu leben – auch wenn er es manchmal inbrünstig gehasst und auch verflucht hatte. Wie kurzsichtig er doch manchmal war.

Sarah ist noch inkarniert, sie heißt jetzt Elfriede und ist wieder seine Frau im letzten gemeinsam geführten Leben, diesmal in Österreich. Sie ist gerade zutiefst traurig, ja untröstlich und betrauert seinen Tod. Ach, könnte er ihr doch sagen, dass alles gut ist und wird. Aber das geht nicht – so sind die Regeln. Sie ist noch in der Illusion und kann diese nicht durchschauen, noch nicht. Karl beschließt, ihr Zeichen zu geben, sobald er sich wieder regeneriert hat und über alle seine Erinnerungen und Kräfte verfügt – vielleicht sein Bild in den Wolken und ein Lied, ihr Lied, im Radio.

Von dieser Ebene aus kann die erlebte und wahrgenommene Realität eines inkarnierten Verwandten geringfügig beeinflusst werden. Wenn man gleichzeitig noch einen Gedanken bei ihm einfließen lässt, ist das zusammengenommen eine Art Botschaft. Je achtsamer ein inkarnierter Mensch mit seiner Umwelt ist und je mehr er auf seine Gedanken achtet, desto einfacher fällt es ihm, diese ‚Nachrichten' wahrzunehmen. Allerdings funktioniert das nur, wenn der Mensch es nicht erzwingt und er mental entspannt ist. Eine ständige Fokussierung auf mögliche Zeichen ist eher hinderlich.

Was zudem viele Menschen nicht wissen, ist, dass der Verstand auch eine Art Sinn oder Antenne ist, mit dem sie Gedanken von Mitmenschen, aber auch von Wesen aus den energetischen Welten, so wie Karl jetzt eines ist, aufnehmen können. Der Kommunikations-Standard im Universum, wenn man so will.

Insgesamt eine energieaufwendige Sache, aber eine, die sich lohnt, erleichtert es doch so mancher Seele, sich von der noch frischen Erfahrung des Menschseins zu lösen und weiter voranzuschreiten.

Wilbert, sein Hund aus dem letzten Leben, hatte ihn schon überschwänglich begrüßt, als er sich in Begleitung seines Bruders seinem Refugium in der Ankunftsebene näherte. Jetzt sitzen sie beide im Wohnbereich vor dem lodernden Kamin und Karl durchforstet seine wachsenden Erinnerungen. Die Informationen fließen wie ein stetiger Strom in sein Bewusstsein.

*

Die Ankunftsebene ist ein Bestandteil des mittleren Reiches, ein Ort, der eigentlich keiner ist. Hier treffen die gerade Verstorbenen ein, um sich vom Trauma des Todes zu erholen. Sie hinterlassen wundervolle Landschaften und Gebäude von zum Teil atemberaubender Schönheit – die meisten jedenfalls. Es ist ein wunderbarer und wahrlich grenzenloser Ort. 110

Milliarden menschliche Seelen haben bereits ihren ‚Fingerabdruck' hinterlassen, nichts vergeht hier, alles bleibt so, wie es erschaffen wurde. Der Ort ist auch gleichzeitig eine Ebene, in der sich Seelen treffen und verabreden, bevor sie sich aufmachen, zu dem Ort, an dem ihre Gemeinschaft lebt. Die Ankunftsebene ist ein Durchgangsgebiet und noch sehr nah an der Realität der Erde. Sie erlaubt Einblicke in die Welt der noch inkarnierten Seelen.

Nicht wenige widerstehen dem inneren Wunsch und Antrieb weiterzuziehen und warten auf den noch lebenden Partner. Sie haben zuvor geplant, dass der eine auf den anderen warten wird. Sobald der zurückgelassene Partner ebenfalls im Sterben liegt, öffnet sich dieser und mit ihm auch eine Art Kanal. Der zuvor Verstorbene kann sie nun abholen und durch den Void begleiten. So haben es sich Karl und Elfriede ebenfalls versprochen, bevor sie sich ins Leben haben fallen lassen.

Manche verweilen hier, warten aber nicht auf jemanden im Speziellen; sie bleiben vielmehr, um anderen Seelen zu helfen. Allerdings funktioniert das nur bei denjenigen, die sich tatsächlich helfen lassen wollen und die die dargereichte Hilfe als solche erkennen und annehmen. Ganze Gemeinschaften haben sich auf diese Weise gebildet. Einige dieser Orte sind den Sanatorien und Pflegestationen der Erde nicht unähnlich: Seelen werden dort wieder gesund gepflegt und schließlich auf die Weiterreise geschickt. Viele sind bei ihrer Ankunft traumatisiert und verängstigt oder glauben nach wie vor, todkrank zu sein. Der Zustand einer Seele entspricht immer ihren zuletzt entwickelten Überzeugungen und Befürchtungen. Diese können eine eher unangenehme Umgebung erschaffen. Eine Art Traum, der von diesen Gefühlen dominiert wird – keine schöne Sache. Menschen tun gut daran, sich bereits zu Lebzeiten mit ihren Ängsten und Befürchtungen auseinanderzusetzen. Auch das Hinschauen und Suchen nach dem, was unweigerlich auf jeden zukommt, hilft: Es verhindert ein Vakuum, das später vielleicht von irgendwelchen Ängsten gefüllt wird.

Seelen, die in diesen besonderen Gemeinschaften anderen

helfen, tun das aus der bedingungslosen Nächstenliebe heraus, völlig unaufgefordert und ungezwungen - ein liebevoller Ort.

Karl denkt darüber nach, sich einer solchen Gemeinschaft anzuschließen, bis er Elfriede abholen kann. Der Altruismus, das bedingungslose Dasein für andere, ist immer seine Lebensphilosophie gewesen. Das war auch die Ausrichtung seiner Gemeinschaft, das wusste er.

Er hatte es einmal auf eigene Faust versucht und sich alleine in die Gebiete der Verwirrten, wie er sie nannte, begeben, zu einer Zeit, als sein Refugium noch nicht existierte.

Da es grundsätzlich keine Regeln und Gesetze in den energetischen Welten gibt, gebärden sich die Seelen dort wie wild und gehen weiter und völlig entfesselt ihren Neigungen nach - wie auch immer diese geartet sind. Auf Karl wirkten sie wie Menschen auf der Erde, die unter einer massiven Psychose leiden. Nach einem früheren Leben hat er einmal versucht, eine dieser Seelen anzusprechen, um sie zu verstehen und ihr so vielleicht helfen zu können. Völlig zwecklos, er wurde nicht einmal wahrgenommen. Sie besaßen alle eine andere und niedere Schwingung als er selbst, auch konnte er sich nicht lange in ihren Gebieten aufhalten, da sie eben nicht seiner Resonanz entsprachen. Es war dunkel und bedrohlich dort. Sein früheres Ich war seinerzeit froh gewesen, die Gebiete schnell wieder verlassen zu können.

Diese Seelen, einige verdienen wahrlich den Namen Teufel, bleiben insgesamt nur kurz im Ankunftsgebiet und ziehen schnell weiter in die Glaubensgebiete, die ihrer Ausrichtung entsprechen.

Ja, es gibt sie wirklich, die Höllen, auch wenn es für einige dieser verwirrten Seelen das Paradies zu sein scheint. Schweine suhlen sich ja auch gerne im Dreck und Myriaden von Fliegen finden Fäkalien äußerst interessant. In den Glaubensgebieten der Höllen herrschen andere Maßstäbe. Diese sind ihr Zuhause; sie wollen auch nirgendwo anders sein.

Manche Seelen können gar nicht schnell genug in diese

Gebiete kommen, in denen sie ihre Begierden mit Gleichgesinnten befriedigen können – das glauben und erhoffen sie sich zumindest. Einige halten sich überhaupt nicht hier auf, sondern ziehen direkt weiter. Diese sind wie ein kalter Hauch, der durch die dunkleren Gebiete zieht. Niemand verurteilt oder drängt sie dazu. Sie stürzen sich höchst freiwillig in ihr Verderben – genauso wie es einige Menschen auf der Erde eben auch tun. Ach - Karl seufzte - er empfand Mitleid mit diesen irregeleiteten Brüdern und Schwestern.

Neben den Höllen gibt es noch den Void, erinnert sich Karl. Das große Vergessen oder die Leere. Er liegt wie ein zähe und nahezu undurchdringliche Schicht direkt zwischen den Menschen auf der Erde und den Seelen in den energetischen Welten. Er ist die Ursache, warum jeder, der sich der Realität auf der Erde nähert, vergessen muss und wird. Er wird vergessen, wer er wahrhaftig ist und was er eigentlich auf der Erde wollte. Der Void entzieht ihm jedes Wissen und jede Erinnerung. Ebenfalls eine Ebene, die man durchaus als Hölle bezeichnen könnte. Die neutrale Leere, aber auch die Trostlosigkeit und die Verzweiflung sind für diese Ebene charakteristisch. Neben den Verbitterten finden auch einige Selbstmörder hier ihre gefühlte Ewigkeit, entspricht doch der Void, mit seiner Leere, oft ihrer inneren Zerrissenheit und Verzweiflung. Es ist die Abwesenheit von Liebe, die hier prägend ist. Wie überall, so werden auch im Void die innersten Seelenzustände zu einer real wahrgenommenen Umgebung – und das sofort. Ein Umstand, der die Höllen auf der Erde bekannt gemacht hat. Nicht wenige Menschen überleben eine eigentlich tödliche Situation, kommen irgendwie in den Void und kehren dann mit ihren dort gemachten Erfahrungen wieder zurück zu den Lebenden. 10 bis 15 Prozent aller Menschen erleben am Sterbebett eine Höllenerfahrung oder berichten von dieser nach einer Nahtoderfahrung. Karl wusste das von einem Seminar, das er im Rahmen seiner Ausbildung zum Hospizhelfer gemacht hatte.

Insgesamt ist der Void ein Schutzmechanismus, eine Grenze, die es den Lebenden erlauben soll, möglichst unbeeinflusst Erfahrungen zu sammeln. Sie nimmt jegliche Erinnerung und gibt sie nach der Beendigung eines Lebens auf der Erde wieder zurück. Es ist unter anderem das Licht, das die Seelen nach ihrem biologischen Tod durch die Leere navigiert.

Würde man ungeplant als Seele zurückgehen, würde man im Void schlicht vergessen, warum man überhaupt wieder zur Erde zurückwollte, man würde, dort angekommen, zu einer erdgebundenen Seele werden. Zu einer Seele, die ‚leer' ist und über keinerlei Erinnerungen verfügt.

Karl blickt fast automatisch auf eine Pelzmütze, die auf dem Kaminsims neben einer handgeschnitzten Flöte ihren Platz gefunden hatte. Beides sind Erinnerungsstücke aus einer Zeit voller Entbehrungen, aber auch voller spannender Abenteuer und Entdeckungen.

Die beiden Stücke erinnern ihn an einen guten Freund, der seine Frau so sehr vermisste, dass er nicht aufzuhalten war. Das war vor etwa 300 Jahren; sie alle lebten damals in den französischsprachigen Gebieten des heutigen Kanadas in der Siedlung Ville-Marie, dem heutigen Montreal. Es war eine Inkarnation, die er unmittelbar nach seiner Erfahrung als Hauptmann des Dreißigjährigen Krieges machte. Eine Erfahrung, die ihn unbewusst dazu drängte, dem kriegerischen Europa den Rücken zu kehren. Sie verkauften damals ihr gesamtes Hab und Gut und gingen zusammen mit Freunden auf die gefährliche Überfahrt in die neuen Gebiete.

Samuel, so war der Name einer seiner Freunde. Sie kannten sich von Kindesbeinen an und, wie es das Schicksal wollte, beschlossen sie ihr Leben auch gemeinsam.

Sie waren gerade gemeinsam auf der Jagd nach Pelzen, um sie ihm anliegenden Fort zu verkaufen, als sie von Einheimischen angegriffen wurden. Samuel und Karl waren in ihr Jagdgebiet eingedrungen, ohne es zu wissen. Karls früheres Ich starb sofort, Sam konnte zunächst entkommen. Sein unbändiger Wille, zu seiner hochschwangeren Frau zurückzukehren, hielt ihn noch einige Tage am Leben, dann erlag auch er seinen schweren Verletzungen.

Karl erwartete ihn, er aber war untröstlich und durchdrungen von dem Wunsch, wieder bei seiner geliebten Florence zu sein. Sam ging zwar unmittelbar nach seinem Tod instinktiv ins Licht, vermochte es aber nicht, seine starke Sehnsucht zu kontrollieren. Er drehte sich um und stürzte sich in den Void - er wollte zurück zu ihr, koste es, was es wolle. Samuel schaffte es aber nicht bis zur Erde. Seine Verzweiflung ging in Resonanz mit dem Void, das große Vergessen erfasste ihn und er wäre fast in der Leere und seiner Verzweiflung verloren gewesen, wenn seine Frau ihm nicht kurz entschlossen gefolgt wäre.

Sie starb fast zur gleichen Zeit wie Samuel bei der Geburt ihrer gemeinsamen Tochter. Nur kurze Zeit später, nachdem Samuel im Void verschwand, kam sie ebenfalls dort an und fragte sogleich nach ihm. Sie wusste, dass auch er da sein musste – sie hatte seinen Tod geträumt.

Auch Florence war unendlich traurig und nicht aufzuhalten.

Es hätte eine Tragödie werden können.

Mit allerletzter Kraft gelang es ihr, Samuel im Void zu finden, seine Seele zu berühren, bevor sie sich selbst verlor. Sie erinnerten sich ihrer Liebe. Die Dunkelheit und Verzweiflung wurde hinweggefegt, ein Tunnel öffnete sich und das Licht zeigte ihnen den Weg. Wärme und Geborgenheit umströmten sie und geleiteten sie sicher zurück in das Ankunftsgebiet.

Die Liebe *ist* und *bleibt* die stärkste Kraft im Universum. Das wusste Karl seitdem. Sie führt alles zusammen und überwindet jede noch so dunkle Energie, füllt die Leere und ist der Antrieb allen Seins. So brachte die Liebe auch die beiden wieder zusammen und führte sie aus dem Void.

Auf diese Weise wurde die Beinahe-Tragödie doch noch abgewendet, auch ihre Tochter hatte ein langes und erfülltes Leben. Mit ihren nicht wenigen Kindern und deren Nachkommen verteilt sich ihre Familie heute über ganz Nordamerika. Sie sind so zahlreich, dass sie zusammen inzwischen eine Gemeinschaft bilden, die beständig aus sich selbst heraus immer wieder auf der Erde inkarniert.

Woher weiß ich das alles ...?, fragt sich Karl. Schon erstaunlich! Das Wissen kommt nach und nach wieder, gerade so, wie es ihm danach verlangt. Wo die beiden und ihre Gemeinschaft jetzt wohl sind? Auch das würde ihm schon wieder einfallen.

Er würde sie auf jeden Fall besuchen, das nimmt er sich vor. Denn ‚da' sein werden sie - ein Umstand, den inkarnierte Menschen nur schwer nachvollziehen können.

Er, Karl, ist viele, *er ist seine Gemeinschaft*, die aus all den Inkarnationen besteht, die er hier auf der Erde bereits gemacht hat. Selbst Wilbert gehört dazu.

Sein Bruder ist genauso ein Teil von ihm, wie es Elfriede, aber auch Sarah und Amin sind. Beide erwarten ihn und Elfriede bereits auf der nächsten höheren Ebene.

Und so sind auch Florence und Samuel immerwährend in den energetischen Welten. Waren sie nicht auch sein Bruder und seine Schwester, aber aus einer anderen Gemeinschaft? Und sie inkarnierten damals gleichzeitig aus ihren jeweiligen Gemeinschaften heraus? Es dämmerte ihm, aber noch gab es einige Erinnerungslücken.

Auf jeden Fall waren sie da und eine weitere Erkenntnis breitete sich aus: Was einmal in die Existenz gebracht wurde, egal was, bleibt – und das ewiglich.

*

‚Na, Wilbert, du kleiner Wirbelwind, wo ist eigentlich Sjarre?', fällt es Karl spontan ein. Sjarre war sein Pferd aus der Zeit seiner Inkarnation als Gutsherr im Norden Deutschlands im 19. Jahrhundert.

Wiehern und das Schlagen von Pferdehufen hallen durch das offene Haus.

Karl bekommt eine Gänsehaut, dem Geräusch folgend, verlässt er das Haus und da steht er: sein schwarzer Friese.

Genüsslich wiehernd trabt er auf Karl zu und kommt schnaufend dicht neben ihm zu stehen.

Ach, was für eine Freude, selbst Wilbert bellt, wedelt mit seinem Schwanz und kriegt sich vor Freude kaum ein. Sjarre legt seinen Kopf auf Karls Schulter. ‚Ach, du treuer Hengst, schön, dich wiederzusehen. Wir hatten eine gute Zeit zusammen, nicht wahr.' Karl schwingt sich auf seinen Rücken, als hätte er Zeit seines Lebens nichts anderes getan.

Zusammen reiten sie durch die wundervollen Landschaften der Ankunftsebene. Robert, so war der Name seiner Inkarnation von damals. Von ihm wusste er, wie man reitet.

So langsam kommt auch diese Verbindung wieder.

‚Ho Sjarre, schneller!' Zusammen galoppieren Sie über eine Wiese, die Sonne steht hoch am Himmel. Warm und sanft beleuchtet sie eine Landschaft, die vor farblichem Ausdruck und Klarheit nur so strotzt. Fehlen eigentlich nur noch Vögel am Himmel und ein beschaulicher See ...

Ein Schwarm Vögel taucht plötzlich vor ihm in der Höhe auf. Ständig wechseln sie spontan ihre Richtung und zeichnen so faszinierende Formen in den Himmel. Dann gehen sie in einen Sturzflug über, nur um dann dicht über einem See, der gerade vor Karl auftaucht, in einen graziösen Konturflug überzugehen.

Wow, was für ein Anblick. Karls Herz quillt über vor Glückseligkeit und Demut. Er bringt Sjarre zum Stehen und steigt ab. Gemeinsam gehen sie zum Seeufer, wo sich Karl auf einen Stein niederlässt.

Gemeinsam genießen sie den Augenblick. Karl entspannt sich, schließt seine Augen und empfindet Harmonie und Glückseligkeit. Wilbert liegt zu seinen Füßen und Sjarre schaut Karl mit großen Augen erwartungsvoll an.

‚Danke, mein Lieber, vielen Dank. Was für ein Ausritt. Du kannst jetzt wieder zurück zu unserer Gemeinschaft gehen, grüße Robert von mir. Bestelle allen meinen Brüdern und

Schwestern meine besten Wünsche, ich komme bald. Übermittele ihnen, dass ich zunächst noch auf Elfriede warten werde, bevor wir uns alle wieder vereinen.'

Sjarre wiehert, stellt sich auf seine Hinterbeine, stößt sich ab und verschwindet in einer Kugel aus hellem Licht. Karl ist zusammen mit Wilbert, der ihm folgt, wieder alleine. Nach einer Weile denkt er, es wäre eine gute Idee, wieder zum Haus zurückzukehren. Ein Gedanke später - und beide sind wieder vor ihrem Haus in der Ankunftsebene. Die Sonne steht noch immer an derselben Stelle, wie schon den ganzen Tag - herrlich! Allerdings hat sich das Licht etwas verändert, es wirkt jetzt wärmer und ein wenig dunkler. Das ist anders als auf der Erde, aber nicht unangenehm.

Karl nimmt sich vor, etwas aus seinem vergangenen Leben in sein Refugium hier in der Ankunftsebene einzufügen. Deswegen hatte er es ja auch erschaffen, um sich bei der Rückkehr aus einem Leben zu erinnern - wer und was er ist. Das würde er aber mit Elfriede besprechen, wenn ihre Zeit gekommen ist.

Bis dahin gibt es noch viel zu tun, unter anderem gilt es, einen ganz bestimmten Freund aus seinem letzten Leben zu besuchen. Dieser verstarb einige Wochen vor ihm. Als er damals die Nachricht vom Tod des Freundes bekam, war er sehr betrübt und dachte noch, dass er jetzt herausfinden wird, woran er zeitlebens so fest geglaubt hatte.

Er konzentriert sich.

*

Karl nähert sich dem Haus und erkennt schon aus der Ferne Franz, wie dieser draußen vor seinem Haus mit Freunden sitzt, freudig erregt diskutiert und immer wieder seinen Bekannten zustimmend zunickt.

Er hat sich kein bisschen verändert, der alte Philosoph. Stets sucht er die Nähe von Gleichgesinnten, um mit ihnen über Gott und die Welt zu reden.

‚Karl!‘ Franz steht auf und kommt mit offenen Armen auf ihn zu. ‚Ich habe es dir doch gesagt, es geht weiter!‘

Sie umarmen sich. ‚Schön zu sehen, dass es dir gut geht, Franz!‘. Er sieht erholt und Jahrzehnte jünger aus.

‚Darf ich dir meine Brüder vorstellen, sie waren es, die mich dort unten ständig unterstützen ...‘ Sie nicken Karl lächelnd und verständnisvoll zu. ‚Ich muss mich noch umstellen, ich bin es noch zu sehr gewohnt, Sprache zu benutzen.‘ Er grüßt zurück und sendet seinen Namen, seine Kennung und verneigt sich vor dem Selbst des Franz.

Die Kennung ist eine eindeutige und einmalige Identifikation einer Gemeinschaft oder eines Selbst, das wusste er wieder unmittelbar, als er die Kennung empfängt. Seine lautet: Aris 4. Etwas, das mit einem Sonnensystem zu tun hat, in dem er seine ersten Erfahrungen als individualisierte Persönlichkeit vor Jahrmilliarden Jahren menschlicher Zeit sammelte. Es existiert schon lange nicht mehr. Die eher transzendenten Wesen in diesem System waren zwar durchaus intelligent, verfügten allerdings nicht über die Bandbreite an Emotionen, wie Menschen es tun, sodass es kaum Veränderung und somit nur wenig Entwicklung gab.

Gefühle: Welch eine grandiose Idee des Kosmos. Manchmal bitterböse und zerstörerisch, aber genauso oft auch berauschend und erschaffend. Nicht wenige Seelen werden süchtig danach und jagen so von Inkarnation zu Inkarnation. Derwischen gleich wirbeln sie durch das Leben, immer auf der Suche nach neuen Erfahrungen, Höhen und dem nächsten Kick.

‚Ja, Franz, alles ist wahrlich gut und wie ich sehe - eigentlich ist es eher ein Wahrnehmen -, liebst du noch immer die Philosophie. Ich bin noch nicht so weit wie du, aber alles kommt wieder, nach und nach. Meine Kennung fiel mir gerade wieder ein, als ich euren Gruß empfangen habe.‘ Karl nickte erneut freundlich dem Selbst von Franz zu und schaute sich um: ‚Schön hast du es dir hier gemacht: Eine Berghütte und ein prächtiges Alpenpanorama, so wie in deiner Heimat, in

Kärnten. Sind das etwa Murmeltiere da oben?‘

‚Ja, du weißt doch, wie sehr ich sie auf meinem Glockner geliebt habe.‘ Franz lebte ganz in der Nähe, in der beschaulichen Gemeinde Winklern, unweit von Heiligenblut am Fuße des Großglocknermassivs. Die Natur war seins. Er lebte zeitlebens alleine und war zum Schluss mehr in den Bergen als unter den Menschen.

‚Der Franz ...‘. Karl lächelte.

Franz und Karl unterhalten sich noch eine ganze Weile, bevor es vollends dämmrig wird und Karl sich erinnert, dass es auch hier so etwas wie einen Tag-Nacht-Rhythmus gibt, wenn auch keine vollständige Dunkelheit, auch Schatten sieht man hier nicht. Die Aktivität nimmt etwas ab und man ruht, es gibt also Phasen der geistigen Entspannung: Höhen und Tiefen in der Stimmungslage. Das ergibt Sinn, denn nur so lässt sich das eine vom anderen unterscheiden. Kein Computer läuft beständig unter voller Auslastung und Monotonie ist zweifelsohne destruktiv.

Karl verabschiedet sich und man verspricht sich in Kürze wieder zu besuchen. Franz wünscht Karl alles Gute und gibt ihm noch Grüße mit auf den Weg für Elfriede. Er wünscht ihr einen guten Übergang.

*

Inzwischen sind bereits sechs Monate seit dem Tode ihres geliebten Mannes vergangen. Es schmerzt immer noch wie am ersten Tag, Karl fehlt ihr so sehr. Als sie in den letzten Tagen durch das Fenster in den Himmel schaute, glaubte sie sein Gesicht gesehen zu haben, das ihr aufmunternd zulächelte. Im gleichen Moment spielte das Radio ihre Melodie *Die Gitarre und das Meer* von Freddy Quinn. Bei diesem Lied lernten sie sich damals kennen. Es war Liebe auf den ersten Blick. Sie schauten sich damals tief in die Augen und es war, als blickte sie in die Tiefen der Ewigkeit. Sie waren füreinander bestimmt.

Elfriede seufzt.

Es ging ihr seit einiger Zeit nicht mehr besonders gut, sie verzehrte sich nach ihm. Sie ging nicht mehr vor die Tür und so richtig Appetit hatte sie auch nicht mehr, seit Tagen aß sie schon nichts mehr. Sehr zum Leidwesen der Kinder – sie machten sich große Sorgen. Sie fühlte sich schwer und unendlich müde und irgendwie wusste sie, dass es nicht mehr lange dauern würde. Alles wird gut – auch das wusste sie, irgendwie.

Ihre gemeinsame Tochter Marion war jetzt Tag und Nacht bei ihr, sie wollte sie jetzt nicht mehr alleine lassen. Sie war so müde.

‚Hallo Elfriede.'

„Wer? ... Karl bist du das?"

Karl steht neben ihrem Bett und lächelt sie an.

„Ach Karl, du bist es, ich vermisse dich so sehr!" Sie lächelt entzückt.

‚Alles ist gut, meine Liebe. Ich bin hier, um dich abzuholen, es ist alles in bester Ordnung – sorge dich nicht!'

Marion stürmt ins Zimmer, sie hat ihre Mutter sprechen gehört. „Mutter, was ist? Hast du mich gerufen ...? Geht es dir gut?"

Sie setzt sich neben ihre Mutter und nimmt ihre Hand, aber Elfriede nimmt sie nicht richtig wahr und schaut zu einem Punkt im Raum, an dem nichts zu sehen ist.

Marion bekommt es mit der Angst zu tun.

Ihre Stimme vibriert: „Mutter, mit wem redest du da, da ist doch nichts?!" Das müssen die Medikamente sein, die ihr die Palliativärztin gegeben hat. Sie halluziniert, genauso wie ihr Vater, als er im Sterben lag. Oh mein Gott, bitte, nimm sie noch nicht zu dir.

Marion fühlt sich hilflos.

„Kind, alles ist gut." Elfriede lächelt ihre Tochter schwach an.

„Es ist dein Vater, er will mich abholen. Er sieht so gut aus, so wie damals, als wir uns kennenlernten. Er bestellt dir Grüße, du sollst dich nicht grämen und sorgen. Es geht ihm gut und er wird, ... wir werden, immer bei dir sein. Du kannst das vielleicht noch nicht verstehen, aber so wird es sein."

Elfriede Stimme wird schwächer und brüchig: „Ich gehe jetzt, ... Karl, Liebster, ... ich komme ... helfe mir ..."

„Ach, Mutter!" Marion beginnt zu schluchzen, Tränen laufen ihr übers Gesicht.

Karl geht auf sie zu und breitet seine Arme aus. Elfriede lächelt, lässt die Hand der Tochter los und beugt ihren Oberkörper mit ausgestreckten Armen ihrem Karl entgegen.

„Mutter! Ich liebe euch! Grüß Vater von mir ...!"

Es sieht aus, als würde sie einen Unsichtbaren umarmen. Dann fällt sie leblos zurück in ihr Bett.

Marion ist unendlich traurig, weint hemmungslos und umarmt den nun leblosen Körper der Mutter.

Karl und Elfriede stehen neben ihr. Sie halten einander an der Hand, blicken ein letztes Mal wohlwollend und liebend auf ihre Tochter, bevor sie auch die anderen Kinder in ihrem jeweiligen Zuhause besuchen und sich dort ebenfalls still verabschieden. Als das erledigt ist, nicken sie sich einvernehmlich zu, dann krümmt sich der Raum, ein Tunnel bildet sich und ein warmes Licht leuchtet ihnen den Weg. Es ist Zeit, nach Hause zu gehen.

Alles ist gut – und es war nie anders gewesen.

Ende.

Lust darauf, mehr zu erfahren?

Auf der Suche nach der Ewigkeit

Die Entdeckung der jenseitigen Welten

(2014, Martin Heyden)

ISBN 978-3981691801

TB: 16,90 Euro

„Der Tod ist und bleibt das größte aller Abenteuer."

Gehen Sie mit dem Autor zusammen auf eine Reise, die im Leben beginnt, über den Tod hinausgeht und entdecken Sie dabei eine Welt voller verborgener Wahrheiten und Geheimnisse.

Ein ‚Leben nach dem Tod' ist weder Wunschdenken noch Kindheitsphantasie, sondern vielmehr Fakt und Realität.

Man muss schon bewusst wegschauen und sich gewisse Unwahrheiten ständig gebetsmühlenartig einreden, um nicht zu erkennen, was offensichtlich und wahr ist.

Wir sind unsterbliche spirituelle Wesen, die es erfahren, Mensch zu sein und nicht endliche materielle Automaten, deren einziger Sinn darin besteht, im System zu funktionieren.

Auf der Suche nach der Ewigkeit

Realitäten

(2015, Martin Heyden und Biggi Weber)

ISBN 978-3981691856

TB: 13,90 Euro

Realitäten macht da weiter, wo *Die Entdeckung der jenseitigen Welten* aufhört.

Die Fortsetzung beschäftigt sich tiefgehender mit den Abläufen und Wirkungsmechanismen unserer erlebten Realität. Das Buch veranschaulicht die Evolution und Expansion von Bewusstsein genauso wie das erlebte Sein im Hier und Jetzt und in den energetischen Welten.

Weitere Themen: die Geometrie der Schöpfung, außersinnliche Wahrnehmungen sowie zurzeit erlebte und zukünftig kommende Veränderungen unserer Realität - und viele weitere spannende Aspekte der Frage: „Woher kommen wir und wohin gehen wir?"

Jenseitige Welten – Berührungspunkte

(Martin Heyden, 2017)

ISBN 978-3981691887

TB: 15,90 Euro

Wenn es überhaupt so etwas wie einen Beweis für ein Leben nach dem Tod gibt, dann sind es wohl die verblüffenden Gemeinsamkeiten der persönlich gemachten spirituellen Erfahrungen von Menschen, wie Sie und ich es sind.

In seiner Buchreihe *Auf der Suche nach der Ewigkeit* hat der Autor Martin Heyden eine Fülle von Indizien dargelegt, die nur einen zwingenden logischen Schluss zulassen: Ein Leben nach dem Tod ist weder Wunschdenken oder Kindheitsphanatsie, sondern vielmehr Fakt und Realität. Man muss schon bewusst wegschauen, um nicht das zu erkennen, was offensichtlich und wahr ist.

Wir sind unsterbliche spirituelle Wesen, die es erfahren, Mensch zu sein und nicht materielle Automaten, die einzig dazu da sind, im System zu funktionieren.

In diesem Buch nun lässt der Autor die Menschen zu Wort kommen, die selbst eine spirituelle Erfahrung gemacht oder miterlebt haben. Lesen Sie eine Vielzahl von persönlichen Erfahrungsberichten sowie Erläuterungen zu den großen Themen der Spiritualität:

- Nahtoderfahrungen, außerkörperliche Erfahrungen
- Sterbebetterfahrungen
- Visionen und Hellsichtigkeit, Vorahnungen und Todeszeitpunkt
- Schutzengel und Helfer, Reinkarnationserinnerungen
- Imaginäre Freunde von Kindern

Lassen Sie sich von den immer wiederkehrenden Gemeinsamkeiten des persönlich Erlebten aufzeigen, dass Sie kein Produkt des Zufalls sind, sondern weit mehr als das, was Sie jeden Morgen im Spiegel anlächelt.

Ewiges Leben? … und andere gelegentlich gestellte Fragen

(Martin Heyden, 2018)

ISBN 978-3981859256

TB: 15,90 Euro

Sie fragen sich, ob dieses Leben wirklich alles ist, trauern gerade oder werden gar selbst mit Ihrer eigenen Sterblichkeit konfrontiert?

Vielleicht hinterfragen Sie aber auch einfach nur unsere ach so rationale Welt oder sind auf der Suche nach dem Sinn unseres Daseins?

Im neuen Buch von Martin Heyden finden Sie schlüssige und leicht nachvollziehbare Antworten zu einem Thema, das in unserer Gesellschaft nur zu gerne verdrängt wird: der Tod und die Frage nach einem möglichen Danach.

Gehen Sie mit dem Autor auf eine faszinierende Entdeckungsreise und lesen Sie Antworten zu Fragen, von denen Sie vielleicht noch nicht einmal wussten, dass Sie sie haben.

Dieses Buch wird Ihnen anhand von vielen spannenden Fragestellungen schlüssig aufzeigen, dass der Tod keinesfalls das Ende ist, sondern vielmehr ein Anfang.

DER AUTOR

Martin Heyden

Nach einer Nahtoderfahrung vor nunmehr fast acht Jahren begab sich der Autor auf die Suche nach dem Sinn unserer Existenz. Die daraus entstandenen Bücher sind die Zusammenfassung seiner Erkenntnisse und Einsichten und skizzieren ein in sich schlüssiges Weltbild, das die Natur-, Geistes- und Grenzwissenschaften, die alten und neuen Religionen sowie den Schamanismus und den Spiritismus zusammenführt.

Martin Heyden, geboren 1967, war als Datenbankprogrammierer und Systemtechniker tätig. Seit einigen Jahren geht er seiner Passion als Schriftsteller und Buchautor nach. Er lebt mit seiner Frau in der Nähe von Aachen, zusammen haben sie zwei erwachsene Söhne.